»Freddy Sidebottoms absolut peinliche Welt« im Unterricht

INHALTSANGABE

u.1

»Das war wieder mal ein klassischer Fredster!« So johlen seine Freunde Charlie B. und Ishac jedes Mal, wenn ihm, Freddy »Fredster« Sidebottom, wieder einmal ein besonders peinliches Missgeschick passiert. Und peinliche Missgeschicke passieren Freddy ziemlich häufig. Sei es, dass er beim Klassenausflug in den Zoo ins Affengehege stürzt oder ihm bei der Schulversammlung beim Weg zum Mikrofon die Unterhose vom Vortag aus seinem Hosenbein rutscht, Freddy ruft mit seinen unabsichtlichen Peinlichkeiten immer wieder schallendes Gelächter bei seinen Mitschüler:innen hervor. So ziehen sich die Missgeschicke wie ein roter Faden durch Freddys Leben und es scheint kein Tag zu verstreichen, an dem er nicht vor lauter Peinlichkeit am liebsten im Boden versinken würde. – Bis zu dem Tag, an dem ihm sein Großvater seine neueste Erfindung, eine Zeitmaschine im Taschenformat, präsentiert ...

Als Freddy eines Tages nach einem Schultag voller Peinlichkeiten zu seiner Mutter nach Hause kommt, erfährt er, dass er bei der bevorstehenden Hochzeit seines Vaters mit seiner neuen Frau auf deren Wunsch eine Rede bei den Festlichkeiten halten soll. Freddy, dem es ohnehin furchtbar unangenehm ist, vor anderen Leuten zu sprechen, verzweifelt völlig bei der Vorstellung, vor Hunderten fremder Leute eine Rede zu halten. Doch in dem Moment ereilt ihn der Anruf seines Großvaters, der mal wieder dringend Freddys Hilfe bei einer seiner neuen Erfindungen braucht. Wie sich herausstellt, handelt es sich um eine Zeitmaschine im Taschenformat. Es ist Freddys alter, umgebauter Babyspielzeugwürfel. Diese Zeitmaschine soll in der Lage sein, jemanden an einen beliebigen Zeitpunkt in der Vergangenheit zurückzuversetzen. Freddy soll sie gleich ausprobieren und in das Jahr 1979 zurückreisen, um dort die Schubkarre des Großvaters, die er damals einem Bekannten, der mittlerweile aber leider verstorben ist, geliehen hat, zurückzufordern. Mit einem etwas mulmigen Gefühl probiert Freddy die Zeitmaschine aus. Doch sie scheint nicht so richtig zu funktionieren, denn er landet nicht wie geplant im Jahr 1979. Dafür stellt er fest, dass er wohl doch zumindest etwas in der Zeit zurückgereist ist, denn er hört seinen Großvater exakt das Gleiche sagen, was er vor ein paar Minuten gesagt hat.

Sein Großvater ist enttäuscht und beschließt, ein neues Modell anzufertigen. Die misslungene Zeitmaschine schenkt er Freddy. Und dem wird auf dem Nachhauseweg bewusst, dass er mit dieser »fehlerhaften« Maschine sein Leben für immer verändern kann. Denn diese paar Minuten, die er sich mit dieser Zeitmaschine zurückversetzen kann, reichen ihm völlig, um seine peinlichen Momente rückgängig zu machen. Kurz nach dieser Erkenntnis bekommt er auch gleich die Gelegenheit, sein »neues Leben« auszuprobieren, als ihm zwei Mädchen aus seiner Klasse auf der Straße begegnen und sich darüber amüsieren, dass Freddy mit einem Babyspielzeug, das überflüssigerweise auch noch just in dem Moment, als er auf die beiden trifft, anfängt, in Babysprache zu sprechen, herumläuft. Aber mit der neuen Zeitmaschine ist es kein Problem: Zeit zurückdrehen, Babyspielzeug unsichtbar im Hoodie verstecken und lässig grüßend an den beiden Mädels vorbeilaufen.

Die nächsten Tage verlaufen dann ganz nach Freddys Geschmack. Bei seinem Klassenausflug in den Zoo wird jedes seiner Missgeschicke mithilfe der Zeitmaschine ausgemerzt. Und auch den anstehenden Mathetest meistert Freddy dank seiner Fähigkeit, in der Zeit zurückzureisen, mit Bravour. Alles scheint perfekt für Freddy zu laufen – bis zu dem Samstag, an dem er bei der neuen Familie seines Vaters zur Anprobe anlässlich der bevorstehenden Hochzeit eingeladen ist und die Zeitmaschine in die Toilette fällt. Sie ist kaputt. Alle Bemühungen, die Maschine zu trocknen und wieder zum Laufen zu bringen, schlagen anfangs fehl und Freddy ist, gerade in Hinblick auf seine bevorstehende Rede auf der Hochzeit, völlig verzweifelt. Immer wieder probiert er sie die darauffolgenden Tage aus, bis sie plötzlich wieder funktioniert. Doch statt ihn wie gewohnt ein paar Minuten in der Zeit zurückreisen zu lassen, versetzt ihn die Zeitmaschine wahllos an Orte und Erlebnisse aus seiner Vergangenheit und wieder zurück, allerdings auch wieder genau an den Zeitpunkt, an dem er auf den Knopf gedrückt hat, wodurch er keine Chance mehr bekommt, seine peinlichen Momente zu korrigieren.

Einmal landet er seinem Gefühl nach recht weit zurück in der Vergangenheit, wo er auf einen Jungen trifft, der gerade vor einem stärkeren Jungen wegrennt. Der Junge, der ein schickes, kleines Modellflugzeug aus Metall mit sich herumträgt, ist ihm auf Anhieb sympathisch und so schließt er sich dem Flüchtenden an und rennt mit. Sie stellen amüsiert fest, dass sie beide Sidebottom mit Nachnamen heißen, und erleben zusammen ein kurzes, aber spannendes Abenteuer auf ihrer Flucht, in dem sie ordentlich Mut beweisen und sich gemeinsam ihrem Verfolger stellen. Doch der bekommt unglücklicherweise die Zeitmaschine in die Hände und es beginnt ein kleines Zeit-Dinge-Chaos, denn mittlerweile lässt die kaputte Zeitmaschine auch Dinge in der Zeit hin- und herspringen. Mithilfe seines neuen Freundes schafft es Fred schließlich, die Zeitmaschine zurückzubekommen, und landet daraufhin wieder wohlbehalten in seiner richtigen Zeit.

Allerdings hatte sein kurzes Abenteuer auch für Verwirrung in seiner richtigen Zeit gesorgt, da dort auf unerklärliche Weise Dinge verschwanden und wieder auftauchten oder auch nicht, und so beschließt Fred, ein für alle Mal die Finger von der Zeitmaschine zu lassen.

Also geht er bei seinem Opa vorbei, um ihm die kaputte Zeitmaschine zurückzubringen. Der hat mittlerweile ein neues, wasserdichtes Modell entwickelt, diesmal Freddys altes, umgebautes Babytelefon, und er drängt ihn, es auszuprobieren, da es »absolut zuverlässig« sei. Doch Freddy erklärt ihm deprimiert, dass ihm eine Zeitmaschine nicht helfen würde, da er immer der gleiche peinliche Hosenscheißer bleiben werde, der immer alles vermasselt. Während sein Großvater versucht, ihn zu beschwichtigen, und ihm erklärt, was er doch für ein toller Junge sei, entdeckt Freddy in einem Regal das alte Flugzeugmodell, das er von dem Jungen aus seiner letzten Zeitreise kennt. Als er seinen Opa darauf anspricht, erzählt dieser ihm von diesem großartigen, mutigen und besonderen Jungen, dem er einst begegnet ist und ihn dann aber leider nie wieder gesehen hat, der ihm aber immer als »der furchtlose Freddy« in Erinnerung geblieben ist. Beide sind gerührt und müssen lachen, als Freddy seinem Großvater erzählt, dass niemand anderes als er selbst dieser Junge war. Freddy erkennt stolz, dass er wohl doch gar kein so schlechter Kerl ist.

Also beschließt er, sich seiner kurz bevorstehenden Hochzeitsrede ganz ohne Zeitmaschine zu stellen, ganz egal, wie peinlich es am Ende vielleicht wird. Und so wird sein Auftritt auf der Hochzeit ein voller Erfolg, auch wenn er, als er ans Mikrofon tritt, plötzlich feststellt, dass er sich vor lauter Angst und vor lauter Zeitmaschinen-Abenteuern überhaupt keine Gedanken darüber gemacht hatte, worüber er eigentlich reden soll, und ihm, als er nach kurzer Zeit dann tatsächlich nicht mehr weiterweiß, seine beiden Stiefschwestern zu Hilfe eilen und mit ihm und der gesamten Hochzeitsgesellschaft ein Lied anstimmen. Alle Familien feiern ausgelassen zusammen und Freddy fühlt sich sehr wohl in seiner Haut. Alle seine peinlichen Missgeschicke sind auf einmal gar nicht mehr so wichtig.

Die Erzählung besticht durch ihre Komik und ihre Nähe zum kindlichen Alltag. Der Roman widmet sich auf witzige Art und teils ein wenig überspitzt, nicht nur leichten Themen, sondern auch ernsthaften und wichtigen Dingen wie Selbstbewusstsein, Mobbing und Ehrlichkeit.

U.2 LITERARISCHES PROFIL DES ROMANS

Erzählweise

Der Roman umfasst 128 Seiten und 12 Kapitel. Freddy führt die Leser:innen als Ich-Erzähler linear in einem zeitlichen Nacheinander durch die kurzen Erlebnisse und Sequenzen, bis er die Zeitmaschine erhält. Ab diesem Moment wechselt die erzählte Zeit zwischen Vergangenheit und Gegenwart.

Die Seiten- und die Schriftgestaltung sind besonders lesefreundlich. Die Buchseiten sind übersichtlich mit altersgerecht vergrößerter Schrift gestaltet. Die Kapitel haben eine angenehme Leselänge und sind teilweise mit Illustrationen versehen.

Die Handlung entwickelt sich episodisch. Erzählt wird im Imperfekt. Die Autorin verzichtet auf verschachtelte sowie komplexe Satzstrukturen. Der Wortschatz ist den Kindern vertraut und die Erzählweise am Mündlichen orientiert.

Illustrationen

Auf der Textebene finden sich überwiegend Monologe und Dialoge zwischen den Figuren, die die Gefühle und Gedanken von Freddy vermitteln. Die Rolle der Illustrationen ist innerhalb des Buchs durchaus ambivalent: Einerseits sind sie eine Lesehilfe, weil sie wichtige Momente der Handlung visualisieren und Emotionen der Figuren zeigen; andererseits ist ihre Funktion keineswegs nur illustrativ, vielmehr stellen sie den Leser:innen nicht selten gleichsam Interpretationsaufgaben, für die es notwendig ist, Bild und Text aufeinander zu beziehen und gemeinsam auszuwerten. Die Illustrationen sind schwarz-weiß mit Grauwerten gezeichnet und stammen von der Autorin. Die Zeichnungen sind auf den Text abgestimmt, äußerst lebendig und detailreich.

Das Verhältnis von Text und Bild ist weitgehend komplementär und eher elaborativ. Bild und Text vermitteln auf einigen Seiten nicht die gleichen Informationen, sondern ergänzen sich und füllen wechselseitig Leerstellen. Die Figuren sind übertrieben und komisch dargestellt. Durch die übergroß gezeichneten Augen sticht die Mimik hervor.

Sprache

Der Text besitzt trotz seiner Kürze und Einfachheit eine Prägnanz und Verdichtung auf die wichtigen und emotional bedeutsamen Aspekte. Der Ich-Erzähler äußert seine Beobachtungen, Gedanken und Gefühle in einfacher Formulierung, die einerseits von Naivität und andererseits von Bewusstheit und Selbstbeobachtung zeugen. Freddys Missgeschicke und Fettnäpfchen sind so lebhaft beschrieben, dass man sie sich bildhaft vorstellen kann.

Figuren des Romans

Im Mittelpunkt der Geschichte steht Freddy. Freddy wird sehr liebenswert und sympathisch beschrieben, man schließt ihn schnell ins Herz. Teilweise passieren ihm so unglaubliche Missgeschicke, dass man glaubt, es könnte nicht schlimmer kommen, aber doch, Freddy schafft es, immer noch einen draufzusetzen. Er ist ein aufrührerisch-freches Kind, aber eher ein »Looser«. Damit bedient sich die Autorin zweier Charaktereigenschaften, mit denen sich Kinder gut identifizieren können. Stärke und Selbstvertrauen gewinnt Freddy durch die Unterstützung seines Großvaters und der Zeitmaschine.

Freddys Opa spielt eine wichtige Rolle im Roman. Er ist Wissenschaftler im Ruhestand und war früher Naturkundelehrer. Er verhilft Freddy zur Zeitmaschine und ist Anstoß für seine Entwicklung. Der gesamte Plot wird durch die Beziehung der beiden zueinander getragen. Der Opa möchte ein Missgeschick wiedergutmachen und Freddy verhilft die Maschine dazu, sich unangenehmen Situationen zu entziehen und/oder zu stellen, sie zu verändern und sie quasi objektiv zu bewerten. Freddys Opa glaubt und vertraut Freddy. Er stärkt und unterstützt ihn. Innerhalb der Zeitreise begegnet Freddy seinem Opa als kleinem Jungen. Sie lernen sich kennen und Freddys Opa erzählt, wie mutig und furchtlos Freddy war.

Die kleine Zeitmaschine verändert das Leben von Freddy drastisch. Zu Beginn ist sie ein Segen, nach dem Wasserschaden spinnt die Erfindung jedoch und Freddy springt von Zeit zu Zeit. Es gibt ein Hin und Her von Gegenwart und Vergangenheit. Dieses Chaos verhilft Freddy dazu, über sich und seine Situation nachzudenken und eine eigene Lösung seiner »Probleme« zu finden. Er begreift, dass die permanente Konzentration auf das eigene Unvermögen zu nichts führt. Wenn er andere beobachtet und genau auf seine Umgebung achtet, erkennt er, dass anderen Leuten ebenfalls Missgeschicke passieren, denn niemand ist unfehlbar. Dieses Wissen hilft Freddy, gelassener zu werden! Er durchläuft folglich im Laufe des Romans eine innere Entwicklung.

Erwähnt werden im Roman auch die geschiedenen Eltern von Freddy. Freddys Vater ist mit Colette liiert, die Zwillingstöchter hat. Die Eltern haben innerhalb der Erzählung keine bedeutende Rolle.

Spannungsbögen des Romans

Die Spannung des Romans speist sich für die Leser:innen vor allem aus zwei Fragen: zum einen, welche Missgeschicke Freddy im Laufe der Erzählung passieren und ob es ihm gelingen wird, sie zu korrigieren. Zum anderen wollen die Leser:innen wissen, ob sich Freddys Leben durch die »Anti-Peinlichkeitserfindung« verändert, was nach dem Wasserunfall und dem Versagen der Zeitmaschine passiert und ob er sich selbst weiterentwickeln wird. Beide Spannungsbögen werden am Ende kunstvoll zusammengeführt, denn Freddy lernt am Schluss, mit peinlichen Situationen umzugehen, und überwindet seine Angst, auf der Hochzeit seines Vaters eine Rede vor einem großen Publikum zu halten.

Stilmittel

Der Autor verwendet viele bildhafte Umschreibungen und Wiederholungen, die die Möglichkeit geben, das Gemeinte ohne umständliche Erklärungen besser zu verstehen und vor allem auch dessen gefühlsmäßige Bedeutung zu erfassen. Der Wortschatz greift Anglizismen auf, die den Text auflockern. Der Text ist übersät mit Alltagssprache und Ausdrücken aus der Jugendsprache.

Der Erzähltext ist multimodal konzipiert. Schrifttext und Typografie werden integriert, wie z. B. auf S. 30: BÖÖP und PING. Die Wörter bilden Geräusche nach. Hier besteht die Verbindung zu etwas, das wir hören können. Der Text wird durch die Onomatopoesie im Stil eines Comics aufgelockert.

Themen und Motive

Die Autorin schildert auf unterhaltsame Weise, wie sich der Protagonist von einem Unglücksraben zu einem reflektierten Jugendlichen entwickelt, der seine Schwächen zu akzeptieren lernt. Auf dem Weg dahin passieren skurrile Dinge, die fast unwirklich bis unmöglich zu sein scheinen. Diese Selbstverständlichkeit des Überzogenen und Unwirklichen macht die Erzählung besonders lustig.

Neben dem Thema **Entwicklung** steht auch das Thema **Peergroup und Mobbing** im Mittelpunkt. Freddy wird nicht wirklich ernst genommen und viele Kinder lachen über ihn. Durch die Zeitmaschine, durch die Freddy seine Patzer gekonnt wieder ausbügeln kann, gewinnt er Stärke und bekommt eine andere Position in der Peergroup. Endlich ist auch er mal der coole Freddy. Freddys Mitschüler:innen teilen gut aus, machen sich vor Freddy groß, schließen ihn aus, beschimpfen ihn als »den Sidebottom« (S. 47), betiteln sein Verhalten als »Fredster« und machen sich über seine Fehler und Unzulänglichkeiten lustig. Mobbing wird hier sehr subtil ausgeübt. Da Freddy durch die Zeitmaschine aus der Opferrolle treten und das Verhalten der Täter:innen und sein eigenes Verhalten reflektieren kann, kann die Geschichte als Beitrag und Anlass dienen, sich über das Muster von Täter:innen-/Opfer-Konstellationen mit Schüler:innen zu unterhalten.

Die einzelnen Themen und Motive werden geschickt miteinander verknüpft und bieten viele Möglichkeiten für eine anspruchsvolle Arbeit mit der Lektüre im Unterricht.

u.3 DEUTUNGSPERSPEKTIVEN

Die Erzählung nimmt direkten Bezug zur Lebenswirklichkeit. Sie erzählt eine Entwicklungsgeschichte mit viel Witz und Situationskomik.

Die Darstellung der inneren Entwicklung der Hauptfigur ergibt eine zentrale Deutungsperspektive. Die Leser:innen erfahren, wie Freddy während der Erzählung immer mehr Selbstbewusstsein gewinnt und gleichzeitig reflektieren lernt, wie er sich in verschiedenen Situationen anders verhalten könnte.

Das Buch thematisiert auf eine problemsensible und vorsichtige Weise das Thema Mobbing. Sowohl Freddy als auch seine Mitschüler:innen machen sich über andere lustig, lachen sie aus und erfahren selbst, dass andere sie verspotten. Kinder werden im Alltag und in ihrer Sozialisationsgruppe mit Auseinandersetzungen, Unannehmlichkeiten und mit Rollenkämpfen konfrontiert. Auszuhalten, dass andere stärker und angesehener sind oder man sogar von ihnen beleidigt und angefeindet wird, kennen sie und müssen lernen, damit umzugehen. Mithilfe des Buchs könnten diese Aspekte im Unterricht und in Gesprächen aufgegriffen werden.

Des Weiteren geht es auch um das Thema: **Jeder möchte etwas Besonderes sein** und **gesehen werden**. Vor allem in der Präpubertät und der Pubertät sehnen sich die Jugendlichen nach Anerkennung und machen ganz viel dafür. Sie wollen von anderen gesehen werden und müssen und wollen sich gleichermaßen von ihnen abgrenzen. Der Roman zeigt diese Ambivalenz auf ganz originelle Weise und spielt mit den Fragen:

- Wer bin ich?
- Wer will ich sein?
- Und inwieweit benötige ich andere für mein eigenes Weltbild und meine Wertvorstellungen?

Freddy nutzt die Maschine hier für sich, um sich als cool zu erleben und seine Rolle als Tollpatsch abzulegen. Die Situation ermöglicht ihm, seine »Fehler« zu korrigieren, und gibt ihm eine Plattform des Probehandelns ohne Konsequenz.

Die Darstellung der **inneren Entwicklung** der Hauptfigur Freddy mit allen Höhen und Tiefen ergibt die zentrale Deutungsperspektive. Die Leser:innen können beobachten, wie Freddy während der Erzählung immer mehr Vertrauen in seine eigenen Fähigkeiten bekommt, mitunter sicher deshalb, weil sein Großvater fest an ihn glaubt und ihn unterstützt. Zu Beginn der Erzählung begegnet man einem aufgewühlten und verunsicherten Freddy, der sich ständig über sich selbst ärgert. Im weiteren Verlauf der Handlung gewinnt Freddy Selbstbewusstsein und Zutrauen, bis er sich in seinem Prozess der Selbstfindung endgültig selbst aus einem eher von anderen bestimmten Leben befreit.

DIDAKTISCHES PROFIL DES ROMANS

Der Roman bietet den Kindern viele Anknüpfungspunkte an ihre Lebenswirklichkeit. Didaktisches Potenzial liegt in der Verknüpfung von vertrauten, assimilativen und eher neuen, akkommodativen Aspekten.* Die vertraute Dimension des Textes, wie etwa die kindgerechte Erzählweise und die Thematik, ermöglicht, dass die Kinder von sich aus einen Zugang zum Buch finden können und dass Anknüpfungsmöglichkeiten für eine eigene Deutung vorhanden sind (Assimilation). Dieser Aspekt bezieht sich auf das lesefördernde Potenzial. Neue, zusätzliche Anforderungen, die das Buch an ein Verstehen der Kinder stellt, betreffen eher den Bereich des literarischen Lernens.

Als Ganzschrift ist das Buch durch die Textmenge und das Anspruchsniveau, je nach Leistungsniveau einer Klasse, für die Klassenstufen 3 und 4 angemessen. Der Roman ist auch noch für Klasse 5 geeignet.

Im Überblick lässt sich das didaktische Profil folgendermaßen skizzieren:

Dimension des Textes	Das Vertraute: Möglichkeit zur Assimilation (Leseförderung)	Das Neue: Notwendigkeit zur Akkommodation (literarisches Lernen)
Wirklichkeitsbezug	▶ Fantastische Elemente: Zeitreise	▶ Irritierende Elemente: übertriebene Situationen, Fiktion
Thematik	▶ Selbst- und Fremdwahrnehmung ▶ Freundschaft ▶ Selbstvertrauen	▶ Konfliktlösungen suchen und finden ▶ Mobbing
Figuren	▶ Identifikation mit der Hauptfigur ▶ Sympathie und Antipathie mit den Figuren	▶ Ignorantes und übertriebenes Verhalten der Figuren
Sprache/Stil	▶ Einfacher Satzbau ▶ Dialoge ▶ Wiederholungen	▶ Metaphern
Bildebene/Layout	▶ Einfachheit der Bilder ▶ Klarheit der Figuren	▶ Überzeichnung
Literarische Formelemente/Erzählkonzept	▶ Ich-Erzähler ▶ Positiver Schluss	▶ Zeitsprünge ▶ Spannungsbogen

* Vgl. Rank, Bernhard (2005): Leseförderung und literarisches Lernen. In: Lernchancen, 8. Jg., Heft 44, S. 4–9.

u.5 METHODENKISTE DEUTSCHUNTERRICHT

Der Einsatz von »Freddy Sidebottoms absolut peinliche Welt« im Grundschulunterricht knüpft im günstigsten Fall an die Vorerfahrungen der Kinder mit Geschichten und Büchern im Kindergarten und in der Familie an. Im Folgenden sind Vorschläge für mögliche Arbeitsweisen mit dem Roman im Deutschunterricht aufgeführt.

Im Vordergrund steht dabei die Verknüpfung mit anzustrebenden Kompetenzen, wie sie in den von der Kultusministerkonferenz (KMK) verabschiedeten »Bildungsstandards für das Fach Deutsch für den Primarbereich« dargestellt sind, die die verbindliche Grundlage für alle in den Ländern zu entwickelnden Lehr- und Bildungsplänen in der Grundschule darstellen.

In der rechten Spalte geben wir jeweils mögliche Beispiele für eine konkrete Umsetzung im Unterricht. Hier finden sich auch Verweise zu den Kopiervorlagen und Infoblättern in diesem Heft. Zahlreiche methodische Möglichkeiten sprechen mehrere Bildungsstandards an. Wir haben uns zum Zwecke der Übersichtlichkeit jeweils für einen Bildungsstandard des Bereiches 3.3 (»Lesen – mit Texten und Medien umgehen«) entschieden. Häufig lassen sich auch sinnvolle Bezüge zu den Bildungsstandards der anderen Bereiche herstellen.

Bildungsstandards	Methoden	Beispiele
→ Über Lesefähigkeiten verfügen		
• Lebendige Vorstellungen beim Lesen und Hören literarischer Texte entwickeln	• Das Buch sinngestaltend vorlesen	• Den Text vorlesen und nur die Bilder zeigen
• Texte sinnverstehend und flüssig lesen	• Im Anschluss an das Lesen den Inhalt mit eigenen Worten nacherzählen	• Im Gesprächskreis einzelne Kapitel oder Szenen
	• Texte leise für sich lesen	• Abschnitte alleine oder im Lesetandem erlesen lassen
• Selbstgewählte Texte zum Vorlesen vorbereiten und sinngestaltend vorlesen	• Textabschnitte/Textstellen vorlesen	• Die Lieblingsstelle vorlesen • Die Stelle, die man nicht verstanden hat • Die Stelle, die man am wenigsten gut findet
→ Über Leseerfahrungen verfügen		
• Kinderliteratur kennen: Werke, Autoren und Autorinnen, Figuren, Handlungen	• Fachbegriffe einführen und anwenden, z. B. Titel, Autor:in, Illustrator:in, Verlag, Cover, Zeile, Seite, Text	• Fachbegriffe anhand des Buchs besprechen und anwenden → k.2
	• Biografie von Rebecca Patterson kennenlernen	• Im Internet über die Autorin recherchieren, Interview lesen
	• Einen Sach-/Informationstext schreiben	• Sachtext über Mobbing lesen und schreiben
→ Texte erschließen		
• Verfahren zur ersten Orientierung über einen Text nutzen	• Titel, Titelbild und Umschlagstext untersuchen • Textantizipationen äußern	• Titelbild ansehen und Vermutungen zum Titel äußern → k.2 • Zum Titel und Titelbild eigene Geschichten schreiben (anschließend mit tatsächlichem Handlungsverlauf vergleichen)
	• Den Kinderroman lesen	• Erste Leseeindrücke sammeln, literarisches Unterrichtsgespräch anschließen
	• Bilder des Buchs herausgreifen und beschreiben	• Titelbild → k.2 • Seite 7, 11, 13, 22, 32/33, 39, 41, 52, 91, 94, 102
	• Erzählerrede und Figurenrede identifizieren	• Mit verschiedenen Farben markieren
• Gezielt einzelne Informationen suchen	• Den Textinhalt rekonstruieren	• Einen Lückentext ergänzen → k.4 • Satzhälften ordnen → k.3

Bildungsstandards	Methoden	Beispiele
	• Figuren herausarbeiten	• Charakterzüge sowie Eigenschaften und Merkmale der einzelnen Figuren beschreiben → k.6
	• Gedanken und Gefühle der Hauptfiguren herausarbeiten	• Mimik und Gestik der Figuren untersuchen und vergleichen • Gefühle der Figuren untersuchen
• Texte genau lesen	• Veränderten Text vorgeben und mit dem Original vergleichen	• Textstellen überprüfen
	• Unbekannte Wörter suchen, finden und erläutern	• Bedeutung der Wörter klären, z. B. mithilfe des Internets oder eines Wörterbuchs
	• Textabschnitte mündlich zusammenfassen und wiedergeben	• Bei relevanten Stellen der Lektüre, um Verständnis zu sichern
• Texte mit eigenen Worten wiedergeben	• Den Inhalt des Buchs mit eigenen Worten wiedergeben	• Nacherzählen nach Bildern, Moderationskarten, Stichwörtern oder Sätzen
	• Das Buch in Abschnitte gliedern	• Mögliche Gliederung: Erster Teil: Freddys Erzählung seiner Missgeschicke; Zweiter Teil: Freddy bekommt die Zeitmaschine geschenkt; Dritter Teil: Die Zeitmaschine geht kaputt
	• Überschriften zu den Abschnitten finden	• Mögliche Überschriften sammeln
• Aussagen mit Textstellen belegen	• Aussagen zu einer Fragestellung suchen und Fundstellen angeben	• Ein Kind beschreibt eine Figur oder eine Szene und die anderen müssen sie finden und erraten
• Eigene Gedanken zu Texten entwickeln	• Den Text ohne Bilder vorlesen / dem Text ohne Bilder begegnen	• Die Geschichte ohne Bilder vorlesen • Sich eigene Bilder zum Text ausdenken und zeichnen → k.9
	• Leerstellen des Textes ausfüllen	• Wie geht die Geschichte weiter? Was passiert danach? • Was denken die anderen Figuren über Freddy?
• Eigene Gedanken zu Texten entwickeln (Forts.)	• Einen Brief an eine der Figuren verfassen, um eine Meinung zum Ausdruck zu bringen	• Brief der Kinder an Freddy
	• Titelbild als Schreibanlass nutzen	• Verfassen einer eigenen Geschichte
	• Ein thematisches Gespräch zum Buch führen	• Was bedeutet Mobbing? • Was bedeutet es, stark oder schwach zu sein? • Wie wollen wir miteinander umgehen? • Was ist Fiktion und was Realität?
	• Erweiterung des Buchinhaltes durch einen veränderten Schluss	• Die Maschine funktioniert auf eine andere Art und Weise. Was passiert dann? • Freddy passieren noch viel schlimmere Missgeschicke. Wie entwickelt sich die Geschichte dann?
• Bei der Beschäftigung mit literarischen Texten Sensibilität und Verständnis für Gedanken und Gefühle sowie zwischenmenschliche Beziehungen zeigen	• Handlungen, Verhaltensweisen und Verhaltensmotive der Figuren bewerten	• Warum hat Freddy keinen Freund? • Warum lachen die anderen Kinder über Freddy, statt ihm zu helfen?
• Handelnd mit Texten umgehen, z. B. illustrieren, inszenieren, umgestalten, collagieren	• Eine Textstelle im Rollenspiel darstellen	• Ganzes Buch oder einzelne Abschnitte → k.10
	• Ein Bild oder eine Szene malen oder nachmalen	• (Arbeitsteilig) Bilder malen zu unterschiedlichen Szenen der Erzählung → k.9
	• Die Geschichte umschreiben	• Alternative Fortsetzung ausdenken
	• Standbilder prägender Szenen darstellen und erraten lassen	• Lieblingsszenen darstellen und erraten lassen
	• Kreative Schreibideen anbieten	• Akrostichon zum Thema Missgeschicke oder Zeitmaschine • Tagebuch schreiben • Einen eigenen Comic schreiben und zeichnen → k.10
	• Die Geschichte aus einer anderen Perspektive erzählen	• Der Großvater erzählt aus seiner Perspektive

Bildungsstandards	Methoden	Beispiele
• Handelnd mit Texten umgehen … (Forts.)	• Ein Parallel-Buch erstellen	• Aus dem gleichen Text einen Comic mit eigenen Bildern erstellen → k.10 • Mit einem anderen Text einen ähnlichen Comic erstellen
→ Texte präsentieren		
• Selbstgewählte Texte zum Vorlesen vorbereiten und sinngestaltend vorlesen	• Eine Lieblingstextstelle auswählen und begründen	• Diese Textstelle gefällt mir besonders gut, weil … • Diese Textstelle finde ich besonders lustig, weil … → k.11
	• Gestaltenden Lesevortrag vorbereiten und üben	• Einen Dialog in verteilten Rollen schreiben, lesen und vorbereiten → k.8
	• Die Geschichte als Theaterstück aufführen	• Mit Standbildern beginnen • Einzelne Szenen auswählen • Aufführung als Abschluss der Unterrichtseinheit bzw. des Projekts
• Die eigene Leseerfahrung einschätzen und beschreiben	• Die eigenen Lesefähigkeiten sichtbar machen	• Leseportfolio anlegen • Reflexions- und Feedbackbogen → k.11

VORSCHLÄGE FÜR EINE UNTERRICHTSEINHEIT

Einstieg in die Lektüre

Cover und Bilder im Buch

Zum Einstieg in die Arbeit mit dem Buch kann das Titelbild oder eine andere Illustration, wie z. B. S. 11 oder S. 22, in die Mitte des Stuhlkreises gelegt werden. Oder aber die Schüler:innen blättern das Buch langsam durch und lassen zunächst einmal nur die Bilder auf sich wirken, ohne den Text zu lesen. Sie bekommen den Auftrag, dabei auf ihre eigenen spontanen Reaktionen zu achten. Die Schüler:innen äußern sich dazu und antizipieren den möglichen Verlauf der Handlung. Die Kinder können auch Vermutungen zu den Hauptfiguren anstellen.

Über einen passenden Gegenstand

Die Lehrkraft legt einen Gegenstand (z. B. einen Zauberwürfel), der auf den Inhalt des Romans hindeutet, in die Mitte eines Gesprächskreises. Die Schüler:innen schauen ihn sich an und äußern ihre Vermutungen. Diese Betrachtung kann durch die Betrachtung des Buchcovers ergänzt und vertieft werden. Zudem können die Assoziationen der Schüler:innen als Mindmap auf einem Plakat festgehalten werden.

Über Antizipation

Die Lehrkraft liest gemeinsam mit den Schüler:innen den Informationstext auf der Rückseite des Buchs und lässt sie Vermutungen zum Inhalt der Geschichte formulieren. Auch Fragen zum Inhalt können auf ein Plakat geschrieben werden, um sie nach der Lektüre zu beantworten.

Rezeption des Buchs

Lesen der Lektüre

Die Lektüre bietet sich zum gemeinsamen Lesen, aber auch gut zum Vorlesen an. Vorstellbar wäre zudem, in einem Wochenplan mit den Schüler:innen zu vereinbaren, wie viel sie von Woche zu Woche selbst gelesen haben sollen. Auch kann innerhalb der Unterrichtszeit eine Lesezeit eingeplant werden, in der die Schüler:innen still für sich lesen.

Leseleine

Unabhängig davon, ob das Buch vorgelesen, gehört oder eigenständig gelesen wird, bietet es sich an, gemeinsam mit den Schüler:innen eine Leseleine zu erstellen. Dafür werden im Laufe der Lektüre wichtige Szenen und Gegebenheiten der Geschichte schriftlich oder zeichnerisch auf Kärtchen fixiert und auf eine Leine gehängt. Fakultativ könnten auch sogenannte Kapitel- oder Lesekisten zusammengestellt werden, in denen Gegenstände, Bilder oder Wörter aus den einzelnen Kapiteln zu finden sind.

Rollenspiel

Die Kinder könnten die Figuren und ihre Lieblingsszenen in Form eines Rollenspiels ausagieren und unter anderem einen möglichen Fortgang der Geschichte antizipieren.

Was mache ich?

Um den Inhalt der Erzählung zu sichern, könnte man mit den Kindern das Spiel »Was mache ich?« spielen. Ein Kind bekommt eine Karte mit einer Szene aus der Geschichte und umschreibt oder spielt sie vor. Ist die Szene erraten, bringt das Kind die Karte an der Tafel an. Wenn alle Szenen erraten sind, kann die Erzählung im Anschluss noch einmal mündlich nacherzählt werden.

Weiterarbeit mit dem Buch

Dazu gibt es zahlreiche Möglichkeiten, die in der Methodenkiste angerissen werden (→ **u.5**). Die Kopiervorlagen → **k.2** bis **k.11** dienen zur Sicherung des Leseverständnisses bzw. zur Vertiefung des Romans und können in einem Leseordner oder Lesetagebuch gesammelt werden. Sie sollten dem Stand der Lerngruppe individuell angepasst werden. Sie zeigen ein möglichst breit gefächertes Spektrum von Aufgabenstellungen, aus dem die Lehrkraft dann Aufgaben für ihre Lerngruppe auswählen und mit eigenen Arbeitsaufträgen ergänzen kann.

Das Anlegen eines **Leseordners** oder **Lesetagebuchs** unterstützt eine individualisierte Auseinandersetzung mit dem Buch: Darin werden neben den bearbeiteten Kopiervorlagen auch Schülerarbeiten und weitere z. B. kreative Arbeiten zur Lektüre gesammelt (Ideen dazu befinden sich in der Methodenkiste → **u.5**). Der Begegnungsprozess mit dem Text der einzelnen Schüler:innen wird so im Produkt des Leseordners dokumentiert. Die Kinder können auch die Leseordner ihrer Mitschüler:innen einsehen und ihnen eine Rückmeldung zu ihren Texten und Ergebnissen geben. So erhalten sie zum einen Anregungen durch die Arbeiten der anderen Kinder, zum anderen erfahren sie durch das Feedback ihrer Mitschüler:innen Wertschätzung für ihre Anstrengungen.

Die Aufgaben können auch anhand der **Think-Pair-Share-Methode** bearbeitet werden. Eine Aufgabe wird zur Erarbeitung gestellt und die Schüler:innen lösen diese in befristeter Zeit individuell. Danach wird die Lösung in vorgegebener Zeit in Partnerarbeit verglichen und besprochen. Anschließend wird das Ergebnis im Plenum vorgestellt. Die Partnerarbeit kann alternativ auch in eine Vierergruppe münden (»Think-Pair-Square«). Je zwei Tandems verbinden sich dann zu einer Vierergruppe, in der jedes Mitglied seiner/seinem Paar-Partner:in seine Arbeitsergebnisse in knapper Form vorstellt.

Infoblätter

© privat

i.1 ZUR AUTORIN REBECCA PATTERSON

Rebecca Patterson wuchs in Bolton auf und studierte Mode, bevor sie an der Anglia Ruskin University den MA in Kinderbuchillustration machte. Für »My Big Shouting Day« (dtsch. »Mein fuchsteufelswilder Stinkesauer-Tag«) erhielt sie den renommierten Roald Dahl Funny Prize und wurde für das Dolly Parton Imagination Library Programm ausgewählt. Sie hat bislang einige Bilderbücher und das Kinderbuch »A Moon Girl Stole My Friend« veröffentlicht. Sie lebt in Cambridge.

Bücher (Auswahl)

- **A Moon Girl Stole My Friend.** London: Andersen Press Ltd, 2019.
- **A Moon Boy Loves My Best Friend.** London: Andersen Press Ltd, 2021.
- **Mein fuchsteufelswilder Stinkesauer-Tag.** Freisbach: Kraus-Verlag, 2023.

i.2 INTERVIEW MIT REBECCA PATTERSON: »ICH WOLLTE ETWAS LUSTIGES SCHREIBEN …«

Rebecca Patterson über gehäkelte Kleider mit Lochmuster, peinliche Situationen, dem Spaß am Leben und ihrer Liebe zum Schreiben

? *Liebe Ms. Patterson, hatten Sie auch so viel Pech wie Freddy?*

Nicht ganz. Ich glaube, wir haben alle peinliche Momente in unserem Leben, und ich habe versucht, Freddy so viele wie möglich zu geben, damit wir uns mit ihm identifizieren können. Die meisten Ereignisse sind erfunden, aber die Szene im Pool, in der er seine Badehose verliert, basiert auf einem Urlaubserlebnis, als mein Vater ins Wasser gesprungen ist.

? *Wurden Sie früher in der Schule gehänselt?*

Ein bisschen. Meine Mutter hat mich manchmal in exzentrischen Outfits in die Schule geschickt. Sie hatte eine Freundin, die viel gehäkelt und gestrickt hat und die mir ein Kleid in den schlimmsten Farben gemacht hat. Das Häkelmuster hatte Löcher, durch die man mein Unterhemd sehen konnte! Die Kinder haben geflüstert: »Ich kann dein Unterhemd sehen!« Ich war ein bisschen wie Freddy, aber weniger selbstbewusst.

? *Welche Botschaft möchten Sie den Kindern mit Ihrem Roman vermitteln?*

Dass wir alle Fehler machen, wir uns alle unbeholfen fühlen, dass das Leben voller Möglichkeiten ist, sich zu blamieren, und dies alles IN ORDNUNG ist!

? *Welche Botschaften sind Ihrer Meinung nach für Kinder in der heutigen Zeit am wichtigsten?*

Ich denke, dass Kinder vom Zustand der Welt sehr belastet sind, von der Umwelt, dass sie erfolgreich sein müssen. Sie tun mir leid. Ich denke, das Leben sollte so viel Spaß wie möglich machen, solange man zu seinen Mitmenschen freundlich ist.

? *Was war der Auslöser für Sie, »Freddy« zu schreiben?*

Ich wollte etwas Lustiges schreiben. Ich habe in der örtlichen Schulbibliothek gearbeitet und habe mich mit Kindern unterhalten. Wir haben einen kleinen Geschichten-Erzähl-Club begonnen. Ich habe den Kindern eine Geschichte aus meinem Leben erzählt und sie haben ihre Geschichten geteilt. Die, die ich wirklich gern gehört und erzählt habe, waren die, in denen witzige peinliche Dinge passiert sind. Ein Junge erzählte, wie er eine Sanddüne runtergerannt ist, dabei hinfiel und ihm der Sand in die Nase ging – seine Energie und sein Lachen beim Erzählen haben mich dazu angeregt, zu versuchen, diese lustige Anarchie in einem Buch einzufangen.

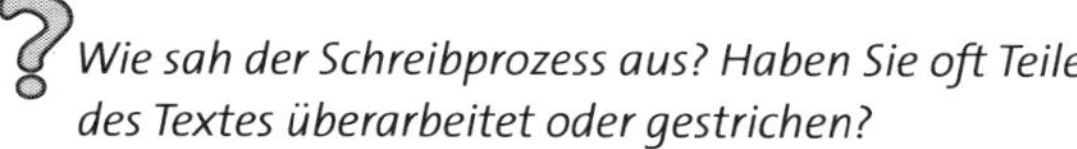

Wie sah der Schreibprozess aus? Haben Sie oft Teile des Textes überarbeitet oder gestrichen?

Ich liebe das Schreiben. Aber ich überarbeite und schreibe ständig neu, was ich mag. Es ist, als würde man ein Puzzle zusammensetzen. Ich glaube, man muss manchmal ein bisschen mutig sein und Dinge loswerden, die man mag, die aber die Handlung aufhalten.

Welche Figur ist Ihre Lieblingsfigur?

Freddy. Aber ich habe auch gern über seine neuen Schwestern geschrieben. Ich schreibe wirklich gern über nervige Mädchen, weil ich so viele kannte, als ich klein war. Und ich war wahrscheinlich auch eines.

Wie viel Zeit haben Sie mit dem Schreiben des Buchs verbracht?

Schwer zu sagen, ein Jahr mit Unterbrechungen. Oft entstehen die Geschichten, während ich spazieren gehe.

Das Ende ist ein Happy End. Hatten Sie andere Versionen im Kopf, wie die Geschichte enden könnte? Wenn ja, welche?

Ich wollte immer ein Happy End wie in einem Wohlfühl-Film!

Wie stellen Sie sich den Literaturunterricht mit Ihren Büchern vor?

Keine Ahnung! Ich habe das Buch zum Spaß geschrieben und um vielleicht jemanden damit zum Lachen zu bringen.

An welchen Projekten arbeiten Sie derzeit? Worauf können wir uns freuen?

Ich will immer für Erwachsene schreiben, aber bekomme Angst vor der Länge eines Romans – 80.000 Wörter! Freddy hat nur 20.000. Manchmal wäre ich gerne freier, worüber ich schreiben kann. Beim Schreiben für Kinder muss ich aufpassen, dass es nicht zu verstörend, unheimlich oder rüde wird.

Herzlichen Dank, Frau Patterson!

Interview:Anja Schirmer (April 2023)
Übersetzt von Regine Munro (April 2023)

TABELLARISCHE KAPITELÜBERSICHT

i.3

Kap.	Seite	Inhalt
1	5–19	Freddy bekommt für seinen Aufsatz Lob von seinem Lehrer Herr Bashki. Er soll die Geschichte bei der Schulversammlung vorlesen. Doch leider hat er das Schmierpapier mit sämtlichen Nachrichten zwischen ihm und Charlie dabei statt der Geschichte. Er blamiert sich entsetzlich. Als Freddy nach dem Schultag nach Hause kommt, erfährt er, dass er bei der bevorstehenden Hochzeit seines Vaters mit seiner neuen Frau auf deren Wunsch eine Rede bei den Festlichkeiten halten soll. Superpeinlich für Freddy. Am Abend präsentiert ihm sein Großvater seine neueste Erfindung, eine Zeitmaschine im Taschenformat.
2	20–31	Diese Zeitmaschine soll in der Lage sein, jemanden an einen beliebigen Zeitpunkt in der Vergangenheit zurückzuversetzen. Freddy soll sie gleich ausprobieren und in das Jahr 1979 zurückreisen, um dort die Schubkarre des Großvaters zurückzufordern, die dieser verliehen hat. Mit einem etwas mulmigen Gefühl probiert Freddy sie aus. Doch es scheint nicht so richtig zu funktionieren, denn er landet nicht im Jahr 1979. Dafür stellt er fest, dass er wohl doch zumindest etwas in der Zeit zurückgereist ist, denn er hört seinen Großvater exakt das Gleiche sagen, was er vor ein paar Minuten gesagt hat. Sein Großvater beschließt, ein neues Modell anzufertigen. Die misslungene Zeitmaschine schenkt er Freddy. Dem wird auf dem Nachhauseweg bewusst, dass er mit dieser Maschine sein Leben verändern kann. Denn diese paar Minuten, die er sich mit dieser Zeitmaschine zurückversetzen kann,

Kap.	Seite	Inhalt
		reichen ihm völlig, um seine peinlichen Momente rückgängig zu machen. Kurz nach dieser Erkenntnis bekommt er auch gleich die Gelegenheit, sein »neues Leben« auszuprobieren, als ihm zwei Mädchen aus seiner Klasse auf der Straße begegnen und sich darüber amüsieren, dass Freddy mit einem Babyspielzeug herumläuft. Aber mit der neuen Zeitmaschine kein Problem: Zeit zurückdrehen, Babyspielzeug unsichtbar im Hoodie verstecken und lässig grüßend an den beiden Mädels vorbeilaufen.
3	32–43	Die nächsten Tage verlaufen dann ganz nach Freddys Geschmack. Bei seinem Klassenausflug in den Zoo wird jedes seiner Missgeschicke mithilfe der Zeitmaschine ausgemerzt und obgleich Freddy in einen Teich des Affengeheges fällt, kann er durch die Zeitmaschine alles ungeschehen machen.
4	44–54	Auch den anstehenden Mathetest meistert Freddy dank seiner Fähigkeit mit Bravour. Alles scheint perfekt für Freddy zu laufen! Er spielt Fußball mit den anderen Jungs, obwohl er das gar nicht kann, und immer wenn ein Schuss daneben geht, drückt Freddy den Knopf, der den Schuss ins Tor möglich macht. Auch in der Schuldisco hilft Freddy die Zeitmaschine. Er wird von den anderen Mitschüler:innen nun als cool angesehen!
5	55–66	Am Samstag, an dem Freddy bei der neuen Familie seines Vaters zur Anprobe anlässlich der bevorstehenden Hochzeit eingeladen ist, fällt die Zeitmaschine in die Toilette und geht kaputt. Alle Bemühungen, sie zu trocknen und wieder zum Laufen zu bringen, schlagen fehl und Freddy ist, gerade in Hinblick auf seine bevorstehende Rede auf der Hochzeit, verzweifelt. Immer wieder probiert er sie die darauffolgenden Tage aus, bis sie plötzlich wieder funktioniert.
6	67–75	Doch anstatt nur ein paar Minuten, versetzt ihn die Zeitmaschine wahllos an Orte und Erlebnisse aus seiner Vergangenheit und wieder zurück, allerdings auch wieder genau an den Zeitpunkt zurück, an dem er auf den Knopf gedrückt hat. So kann er seine peinlichen Momente nicht mehr korrigieren.
7	76–83	Freddy wünscht sich sein perfektes Leben zurück. Er wird hin und her durch die Vergangenheit geschickt. Er findet sich auf dem Schulausflug wieder, dann befindet er sich wieder in seinem Zimmer oder in der letzten Eiszeit oder mit der Daunenjacke im Schwimmbad.
8	84–92	Freddy verliert während des Schwimmunterrichts seine Badehose. Der Zauberwürfel funktioniert aber leider immer noch nicht.
9	93–97	Er findet sich weit in die Vergangenheit zurückversetzt. Dort trifft er auf einen Jungen, der gerade vor einem stärkeren Jungen wegrennt, der hinter ihm her ist. Der Junge, der ein schickes, kleines Modellflugzeug aus Metall mit sich herumträgt, ist ihm auf Anhieb sympathisch und so schließt er sich dem Flüchtenden an und rennt mit.
10	98–111	Sie stellen amüsiert fest, dass sie beide Sidebottom mit Nachnamen heißen, und erleben zusammen ein kurzes, aber spannendes Abenteuer auf ihrer Flucht, in dem sie beide ordentlich Mut beweisen und sich gemeinsam ihrem Verfolger stellen. Doch der bekommt unglücklicherweise die Zeitmaschine in die Hände und es beginnt ein kleines Zeit-Dinge-Chaos, denn mittlerweile lässt die kaputte Zeitmaschine auch Dinge in der Zeit hin- und herspringen. Freddy findet sich in der Gegenwart und dann wieder in der Vergangenheit im Schwimmunterricht von Herrn Bakshi oder im Klassenzimmer wieder.
11	112–117	Als Freddy wieder zu Hause ist, geht er zu seinem Großvater, um ihm die kaputte Maschine zurückzubringen. Der hat mittlerweile eine neue, wasserdichte Zeitmaschine entwickelt, diesmal Freddys altes, umgebautes Babytelefon, und er drängt Freddy, sie auszuprobieren, da sie »absolut zuverlässig« sei. Doch er erklärt ihm deprimiert, dass ihm eine Zeitmaschine nicht helfen würde, da er immer der gleiche peinliche Hosenscheißer bleiben werde, der immer alles vermasselt. Während sein Großvater versucht, ihn zu beschwichtigen, und ihm erklärt, was er doch für ein toller Junge sei, entdeckt Freddy in einem Regal das alte Flugzeugmodell, das er von dem Jungen aus seiner letzten Zeitreise kennt. Als er seinen Opa darauf anspricht, erzählt dieser ihm von diesem großartigen, mutigen und besonderen Jungen, dem er einst begegnet ist und den er leider nie wieder gesehen hat, der ihm aber immer als »der furchtlose Freddy« in Erinnerung geblieben ist. Beide sind gerührt und müssen lachen, als Freddy seinem Großvater erzählt, dass niemand anderes als er selbst dieser Junge war, und Freddy erkennt stolz, dass er wohl doch gar kein so schlechter Kerl ist.
12	118–128	Also beschließt er, sich seiner kurz bevorstehenden Hochzeitsrede ganz ohne Zeitmaschine zu stellen, ganz egal, wie peinlich es vielleicht wird. Freddy geht am Samstagmorgen zu seinem Vater, um sich für die Hochzeit fertigzumachen. Vor lauter Angst und vor lauter Zeitmaschinen-Abenteuern hat sich Freddy überhaupt keine Gedanken darüber gemacht, worüber er eigentlich reden soll. Aber er stellt sich der Situation und als er während seiner Rede nach kurzer Zeit dann tatsächlich nicht mehr weiterweiß, eilen seine beiden Stiefschwestern zu Hilfe. Sein Auftritt auf der Hochzeit wird ein voller Erfolg. Alle Familien feiern ausgelassen und Freddy fühlt sich sehr wohl in seiner Haut. Alle seine peinlichen Missgeschicke sind gar nicht mehr so wichtig.

Lesezeichen und Zeilometer

FREDDY SIDEBOTTOMS ABSOLUT PEINLICHE WELT

REBECCA PATTERSON

GULLIVER

Dieses Lesezeichen mit Zeilometer hilft dir, wenn du eine Textstelle genau angeben möchtest. Du legst das Zeilometer oben an die Buchseite, so kannst du ablesen, in welcher Zeile etwas steht. (ACHTUNG: Manchmal beginnt der Text z. B. erst in Z. 10. Dann nicht das Zeilometer verschieben. Es wird immer oben angelegt.)
Besonders schön wird dein Lesezeichen, wenn du es auf Pappe klebst und bunt anmalst.

Ihr könnt mir glauben ...

1. Was gibt es auf dem Bucheinband zu entdecken? Ordne die Wortkärtchen zu.

2. Im Suchsel sind zehn Wörter versteckt, die auf dem Bucheinband und der Rückseite zu lesen sind.

a) Finde die Wörter. Male sie mit einem Buntstift an.

b) Schreibe sie in dein Heft oder Lesetagebuch. Hinweis: ß = ss

F	R	E	D	D	Y	V	X	Q	B	R	P
A	L	U	C	W	J	U	N	G	E	P	E
W	Ü	R	F	E	L	D	F	M	T	Z	R
E	Z	B	G	I	O	Q	R	C	U	C	F
L	A	S	P	E	I	N	L	I	C	H	E
T	U	Z	C	B	R	Q	G	O	S	A	K
G	R	O	S	S	V	A	T	E	R	O	T
C	L	R	F	T	E	X	U	M	A	S	R
R	O	M	A	N	B	V	O	E	Q	Z	A
X	E	L	E	R	F	I	N	D	U	N	G

c) **Zusatzaufgabe:** Schreibe mit jedem Wort einen Satz in dein Heft oder Lesetagebuch und male dazu.

3. * **Profiaufgabe:** Gestalte ein neues Titelbild. Hängt alle Titelbilder an die Tafel und diskutiert, welcher Titel am gelungensten ist.

Lösung zu Aufgabe 2:
Freddy, peinlich, Junge, perfekt, Würfel, Chaos, Großvater, Roman, Erfindung, Welt

Eine nette Abwechslung …

1. Im ersten Kapitel erfährst du schon einiges über Freddy. Die Sätze fassen das Wichtigste zusammen.

a) Verbinde die passenden Satzhälften miteinander.

b) Schreibe die vollständigen Sätze in dein Heft oder Lesetagebuch.

1. In Freddys Leben war bislang noch nie …	seine Geschichte vor der gesamten Schule vorzulesen.
2. Freddy hat wahnsinnige Angst …	etwas hervorragend gewesen.
3. Auf der Bühne hat Freddy …	fängt Freddy an zu stottern und schämt sich.
4. Auch beim Vorlesen in der Klasse …	leider das falsche Blatt dabei und blamiert sich.
5. Die Kinder lachen …	eine bahnbrechende Erfindung.
6. Freddy erfährt, dass …	sein Dad heiraten wird und er eine Rede halten soll!
7. Freddys Opa zeigt ihm …	Freddy aus.

2. Freddy passieren ständig Missgeschicke. Ist dir auch schon mal ein Missgeschick passiert? Male auf, was passiert ist. Schreibe dazu in dein Heft oder Lesetagebuch.

3. Freddy hat große Angst, seine Geschichte vor der gesamten Schule vorzulesen. Was meinst du? Wie fühlt er sich, was denkt er? Schreibe in dein Heft oder Lesetagebuch.

Freddy fühlt sich … ____________________

Freddy denkt, dass … ____________________

Freddy hat Angst, dass … ____________________

4. * **Profiaufgabe:** Freddy wird von seinen Mitschülerinnen und Mitschülern ausgelacht, als er beim Vorlesen stottert. Was meinst du? Wie fühlt er sich, was denkt er?

a) Tausche dich mit einem anderen Partnerkind dazu aus. Wurdet ihr schon einmal ausgelacht? Oder könntet ihr euch Situationen vorstellen, in denen Kinder ausgelacht werden?

b) Schreibt eure Ideen als Liste im Heft oder Lesetagebuch auf.

k.4

»Quadrat oder Dreieck!«

1. Freddys Großvater schenkt Freddy eine Zeitmaschine.
Was würdest du mit einer Zeitmaschine tun?

a) Tausche dich mit einem Partnerkind aus.

b) Male deine Zeitmaschine in dein Heft oder Lesetagebuch und schreibe auf, was deine Maschine kann.

2. Einige Wörter sind verlorengegangen. Setze sie ein.

a) Freddys sämtliche Fehler geschehen in zwei ☐☐☐☐☐☐☐.

b) Freddy bringt Klos zum ☐☐☐☐☐☐☐☐☐☐.

c) Freddy weiß nicht, wie ☐☐☐☐☐☐☐ ausgesprochen wird.

d) Freddy muss einen dämlichen grauen ☐☐☐☐☐☐☐☐☐ auf der Hochzeit tragen.

e) Freddy soll eine ☐☐☐☐ halten.

Tipp: Lies auf Seite 31 nach!

f) Opas Anti-Peinlichkeitserfindung wird Freddys ☐☐☐☐☐ retten.

3.* **Profiaufgabe:** Im ersten und zweiten Kapitel finden sich im Text immer wieder einige Lautmalereien (Onomatopoesie) und Wörter in verschiedenen Schriften und Größen, z.B. BÖÖP oder PING auf Seite 30.

Sucht in Partnerarbeit mindestens vier Lautmalereien und Ausdrücke in unterschiedlichen Schriften heraus und schreibt sie in der Tabelle auf. Notiert, was sie ausdrücken.

S. 30: BÖÖP	Hier drückt das Wort einen schiefen Laut aus der Flöte aus!
S. 30:	

Auf diesen Seiten im ersten und zweiten Kapitel findest du weitere Lautmalereien oder Wörter/Sätze in anderen Schriften: S. 5, 14, 21, 24, 27, 28, 29, 30 …

Ein perfektes Leben

1. Lies die Seiten 33 bis 35 noch einmal.

a) Wer sagt was? Verbinde die Sprechblasen mit der passenden Figur rechts.

b) Markiere die Sprechblasen, die zur ersten Szene gehören, mit einem blauen Punkt, und die Sprechblasen, die zum Dialog nach dem Einsetzen der Zeitmaschine gehören, mit einem gelben Punkt.

c) Lest den Dialog in verteilten Rollen vor. Lest den Dialog vor und einmal nach dem Einsatz der Zeitmaschine vor.

2. Bei dem Ausflug passieren Freddy wieder allerhand Missgeschicke. Er aktiviert seine Zeitmaschine und macht das Geschehene ungeschehen. Denke darüber nach, was dir mal passiert ist, was du gerne ungeschehen machen möchtest. Schreibe es in deinem Heft oder Lesetagebuch auf.

3. * **Profiaufgabe:** Freddy bezeichnet sein Leben als perfekt, wenn er den Button seiner Maschine drücken kann. Bist du seiner Meinung?

a) Tausche dich mit einem Partnerkind dazu aus.

b) Gestaltet gemeinsam eine Mindmap zum Thema »Ein perfektes Leben« in eurem Heft oder Lesetagebuch, indem ihr Stichpunkte zu den Leitfragen auf den einzelnen Ästen der Mindmap ergänzt.

- Was ist ein perfektes Leben?
- Wie würdest du leben?
- Was wäre anders als im Moment?
- Was wären deine Wünsche, die erfüllt werden würden?

»Leute, was soll ich sagen!«

Freddy nutzt die Zeitmaschine, um seine Peinlichkeiten auszuradieren …

1. Lies noch einmal die Seiten 49 und 50. Freddy radiert alle seine Peinlichkeiten mit der Zeitmaschine aus. Kreuze an, was stimmt. Du erhältst ein Lösungswort.

a) Bis Dienstagnachmittag radiert Freddy seine Fehler und Peinlichkeiten aus. ☐ F
Bis Mittwochnachmittag radiert Freddy seine Fehler und Peinlichkeiten aus. ☐ K

b) Mr Bakshi verlangt von Freddy, dass er seinen Aufsatz über Australien laut vorliest. ☐ R
Mr Bakshi verlangt von Freddy, dass er seinen Aufsatz über Amerika laut vorliest. ☐ A

c) Am Abend konnte Freddy gut vorlesen, weil sein Tag perfektioniert war. ☐ S
Am Abend konnte Freddy gut schlafen, weil sein Tag perfektioniert war. ☐ E

d) Am Freitag fand die Schuldisco statt. ☐ D
Am Freitag fand die Schulhausführung statt. ☐ Z

e) Chris vom Schülerclub macht die Musik. ☐ S
Can vom Schülerclub macht die Musik. ☐ T

f) Die Schuldisco fängt um sechs Uhr an. ☐ S
Die Schuldisco fängt um vier Uhr an. ☐ T

g) Der DJ bittet um Essenswünsche. ☐ P
Der DJ bittet um Musikwünsche. ☐ E

h) Freddy wünscht sich ein Lied beim DJ. ☐ R
Freddy wünscht sich ein Fahrrad beim DJ. ☐ A

Lösungswort: ___ ___ ___ ___ ___ ___ ___ ___
1 2 3 4 5 6 7 8

2. Freddy ist ein Tollpatsch. Welche Eigenschaften hat Freddy noch?

a) Lies und male die passenden Kästchen rot an.

b) Schreibe dann eine Figurenbeschreibung zu Freddy in dein Heft oder Lesetagebuch.

ängstlich	glücklich	schwach	leise	laut
stolz	unsicher	klein	eingebildet	jung
klein	stark	alt	groß	ausdauernd
dünn	traurig	verlässlich	wütend	nett
rechthaberisch	fröhlich	dick	schüchtern	böse
einfühlsam	fürsorglich	chaotisch	lieb	aufbrausend

3.* **Profiaufgabe:** Male alle Kästchen blau an, die Freddy gut beschreiben, wenn er die Zeitmaschine aktiviert hat. Wie würde die Personenbeschreibung dann klingen? Schreibe eine neue Figurenbeschreibung.

»Und da schwamm er!«

1. Die Zeitmaschine fällt ins Klo und geht kaputt.
Freddy ist verzweifelt.
Der Zauberwürfel funktioniert nicht mehr wie vorher.
Was bedeutet das für Freddy?

a) Überlege gemeinsam mit einem Partnerkind. Schreibt eure Ideen auf.

____

____

____

____

____

b) Setzt euch dann mit zwei weiteren Kindern zusammen. Vergleicht eure Notizen.

c) Erstellt ein Klassenplakat mit allen Ideen der Klasse.

2. Schreibe das ABC untereinander in dein Heft oder Lesetagebuch.
Schreibe dann hinter jeden Buchstaben ein Wort, das zu der Erzählung passt. Du kannst auch die Wörter aus dem Buch nutzen.

Beispiel:

A Affe
B blamieren
…

3. * **Profiaufgabe:** Stell dir vor, dass die Geschichte an dieser Stelle anders ausgegangen wäre, und erzähle sie so weiter. Was könnte stattdessen passiert sein? Schreibe und/oder male die Geschichte in dein Heft oder Lesetagebuch.

»Ich wollte mein perfektes Leben zurück!«

1. Der Zauberwürfel spielt immer noch verrückt.
Er schickt Freddy durch die Zeit hin und her.
Kreise die richtigen Aussagen ein.
Die Buchstaben ergeben ein Lösungswort.

Tipp: Lies auf Seite 77 nach!

Aussage	richtig	falsch
Freddy trocknet seinen Zauberwürfel mit dem Salat.	☐ L	☐ W
Bei dem Testlauf versetzt der Würfel Freddy zurück in den Zoo und den Schulausflug mit der Klasse.	☐ Ü	☐ E
Er drückt erneut auf den Button, damit nicht wieder ein Affe eine Banane nach ihm wirft.	☐ G	☐ R
Plötzlich ist Freddy wieder in seinem Kinderzimmer.	☐ F	☐ E
Freddys Mutter schimpft über Freddys nasse Turnschuhe.	☐ E	☐ N
Um auf alles vorbereitet zu sein, zieht Freddy seine Daunenjacke an.	☐ L	☐ Z

Lösungswort: ___ ___ ___ ___ ___ ___
1 2 3 4 5 6

2. Freddy ist ganz durcheinander und schreibt mit seinem Handy eine Nachricht an seinen Opa. Setze den Dialog fort.

Deine Wunder-Erfindung spielt verrückt! Der Würfel ist ins Klo gefallen. Muss dich dringend treffen. Du musst ihn wasserdicht machen. Komme morgen nach der Schule.

Ins Klo gefallen? …

3. * **Profiaufgabe:** Stell dir vor, Freddy schreibt auch seiner Mutter oder seinem Vater eine Nachricht, und erzählt ihnen, was passiert ist. Schreibe ein SMS-Gespräch in deinem Heft oder Lesetagebuch auf. Was könnte er erzählen und was könnten seine Eltern dazu sagen?

»Was ist das für ein komisches Geräusch?«

1. Freddys Welt steht Kopf. Seine Badehose rutscht im Schwimmbad runter und er steht beschämt da!

a) Schaue dir das Bild auf Seite 91 an und lies den Text auf Seite 91/92. Was passiert? Schreibe es in deinem Heft oder Lesetagebuch auf.

b) Was könnte noch alles passiert sein, was Freddy unangenehm wird? Sprich mit einem anderen Kind darüber.

c) Schreibe es dann hier oder in deinem Heft oder Lesetagebuch auf.

____

____

____

2. Das Buch hat viele schöne Bilder. Welche gefallen dir besonders gut? Tausche dich mit einem Partnerkind aus.

Schreibe die Seitenzahlen deiner vier Lieblingsbilder hier auf.

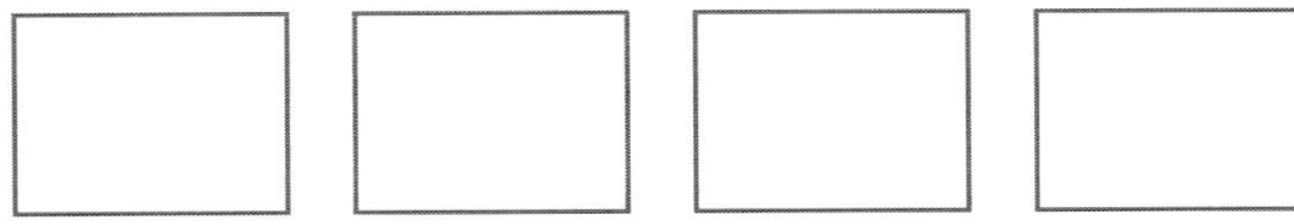

3. Male eigene Bilder zu einer Szene in dein Heft oder Lesetagebuch. Die anderen Kinder sollen dann erraten, zu welchem Kapitel die Bilder gehören.

4. * **Profiaufgabe:** Tausche dich mit einem anderen Kind über das Buch aus.

a) Welche Stelle gefällt euch besonders gut, welche gar nicht? Schreibe die Seitenzahl und die Szene in Stichpunkten auf.

____

____

____

b) Begründe in deinem Heft oder Lesetagebuch, warum du die Stelle ausgesucht hast.

Mir gefällt die Stelle/Situation gut/nicht so gut, weil … ______________________________

Einen Comic gestalten oder eine Szene spielen

1. Zeichne nun selbst einen Comic zu dem Buch.
Um einen Comic zu zeichnen, musst du bestimmte Dinge beachten:

a) Entscheide dich, ob du deinen Comic alleine oder mit einem Partnerkind herstellen möchtest.

b) Suche dir eine passende Szene oder ein passendes Kapitel im Buch aus, das du darstellen möchtest.

c) Überlege, wie viele Bilder du brauchst, und lege ein Storyboard an. Ein Storyboard ist eine Tabelle, in der du zu den einzelnen Bildern Notizen schreibst. Hier kannst du auch schon Ideen für Sprech- und Gedankenblasen ergänzen.

d) Die Bilder zeichnest du am besten auf ein DIN-A6-Blatt. Wenn es nötig ist, kannst du die einzelnen Bildseiten am Ende noch verkleinern.

e) Dier Bilder klebst du in der richtigen Reihenfolge auf ein Plakat. Verkleinert kann man daraus dann ein Heft machen.

f) Präsentiere deinen Comic den anderen Kindern in der Klasse. Besprecht, was besonders gut gelungen ist.

So wird dein Comic abwechslungsreicher und künstlerisch ansprechender:
a) Nutze verschiedene Einstellungsgrößen: extrem groß (close-up) und im Detail (extreme close-up), nah (close shot) und weit (extreme long shot).
b) Nutze verschiedene Einstellungsperspektiven: Untersicht (Froschperspektive), Normalsicht, Aufsicht (Vogelperspektive).
c) Nutze Bildmittel, Bausteine der Comicsprache (»KLIRR«, »PENG«, »SCHLUCHZ«).
d) Nutze verschiedene Formate: Quer- und Hochformat, rund.

2. Stellt in Gruppen eine Szene aus dem Buch dar.

a) Schaut euch die Szene oder das Kapitel im Buch mit eurer Klasse noch einmal gemeinsam an und lest den Text am besten gleich mit verteilten Rollen.

b) Besprecht danach, was in der Szene, die ihr spielt, inhaltlich passiert und welche Gedanken und Gefühle die Personen haben, die mitspielen.

c) Welche Personen müssen bei eurem Rollenspiel dabei sein? Bestimmt eine Regisseurin oder einen Regisseur. Sie oder er kann beim Sprechen der Dialoge helfen.

d) Verteilt die Rollen in eurer Klasse und übt das Rollenspiel. Sprecht frei, betont und ausdrucksstark.

e) Tragt das Rollenspiel dann eurer Klasse vor. Vergleicht die Darbietungen. Was ist jeder Gruppe besonders gut gelungen?

3. Stellt euch gegenseitig Rätsel zum Inhalt und zu den Figuren des Buchs.

a) Ein Kind beschreibt eine Figur oder eine Szene.

b) Die Klasse muss sie finden und erraten.

Feedback-Bogen

Du kennst das Buch »Freddy Sidebottoms absolut peinliche Welt« nun sehr genau. Jetzt sollst du deine Meinung zum Roman darstellen.

1. Welche Figur aus dem Roman fandest du sympathisch? Welche nicht so? Trage Zahlen ein. Die 1 bekommt die Figur, die du am sympathischsten, und die 9 bekommt dann die Figur, die du am unsympathischsten fandest.

Mr Bashki	Freddy	Mrs Lomax
Freddys Opa	Freddys Mutter	Charlie B.
Ishak	Colette	Freddys Vater

2. Welche Szene fandest du besonders spannend? ______________________

____

3. Gibt es etwas, was dir am Buch nicht so gut gefallen hat? ______________________

____

4. Hier darfst du deine Meinung sagen. Kreuze an.

		stimmt	geht so	stimmt nicht
a)	Die Story des Romans fand ich witzig.	○	○	○
b)	Ich kann verstehen, dass Freddy sein Leben mit der Maschine als perfekt bezeichnet.	○	○	○
c)	Ich habe gehofft, dass die Geschichte ein anderes Ende nimmt.	○	○	○
d)	Mit Freddy würde ich gern mal etwas unternehmen.	○	○	○
e)	Mir gefällt, dass die Geschichte gut ausgeht.	○	○	○

5. Wie fandest du das Buch insgesamt?

☐ sehr gut ☐ gut ☐ geht so ☐ schlecht

Begründe deine Antwort: ______________________

____

Lösungen und Lösungsvorschläge

2. Freddy, peinlich, Junge, perfekt, Würfel, Chaos, Großvater, Roman, Erfindung, Welt

1.
1. In Freddys Leben war bislang noch nie ... etwas hervorragend gewesen.
2. Freddy hat wahnsinnige Angst ... seine Geschichte vor der gesamten Schule vorzulesen.
3. Auf der Bühne hat Freddy ... leider das falsche Blatt dabei und blamiert sich.
4. Auch beim Vorlesen in der Klasse ... fängt Freddy an zu stottern und schämt sich.
5. Die Kinder lachen ... Freddy aus.
6. Freddy erfährt, dass sein Dad heiraten wird und er eine Rede halten soll!
7. Freddys Opa zeigt ihm ... eine bahnbrechende Erfindung.

2. a) Minuten, b) Überlaufen, c) Minimum, d) Samtanzug, e) Rede, f) Leben

3. Beispiele:
S. 30 PING!: Die Zeitmaschine dreht die Zeit zurück.
S. 5 DAS KANN NICHT SEIN ...: Durch die Großbuchstaben wird das Brüllen ausgedrückt.
S. 14 FURZ: Der peinliche Furz wird besonders hervorgehoben.
S. 21 QUADRAT, DREIECK: Was der Würfel sagt, wird besonders hervorgehoben.

1. a), b)
1. Szene blau: Mr Bakshi: Beeilung da hinten! Aufschließen!
Mrs Lomax: Na, freut ihr euch auf die Ausstellung?
Freddy/Ishak, Charlie B.: Total gespannt!
Freddy: Wie weit ist es jetzt noch, Mum?
Ishak: Sie sieht deiner Mum ja so ähnlich!
Charlie B.: Klassischer Fredster!

2. Szene gelb: Mr Bakshi: Beeilung da hinten! Aufschließen!
Mrs Lomax: Na, freut ihr euch auf die Ausstellung?
Freddy/Ishak, Charlie B.: Total gespannt!
Freddy: Wie weit ist es jetzt noch, Mrs Lomax?
Mrs Lomax: Ich glaube, wir sind gleich da, Freddy!

1. Lösungswort: Fredster

1. Beispiele: Freddy kann seine »Fehler« nicht mehr korrigieren. Er steht wieder als Tollpatsch da. Sein gewonnenes Selbstbewusstein ist nicht mehr vorhanden. Seine Mitschüler:innen machen sich wieder über ihn lustig ...

1. Lösungswort: Würfel

K.9

1. a) Beispiel: Freddy versucht in der Umkleidekabine, die peinliche Situation im Schwimmbad mit der Zeitmaschine rückgängig zu machen. Die Maschine spielt aber verrückt. Sie macht komische Geräusche. Dann gerät Freddy in einen Zeitstrudel. Alles passiert rückwärts. Es gibt Zeitraffer und ständige Wetterwechsel, bis sie stehen bleibt.